hänssler

geln auf
lichen Appa-
laub denn
h. die zu
ben denn
anfung.

Ins Herz geschrieben

Geistliche Zitate aus 2000 Jahren

Zusammengestellt
von Norbert Schnabel

Hänssler-Hardcover
Bestell-Nr. 394.513
ISBN (10) 3-7751-4513-3
ISBN (13) 978-3-7751-4513-8

Internet: www.haenssler.de
E-Mail: info@haenssler.de
Umschlaggestaltung: Jens Vogelsang, Aachen
Titelbild: CORBIS GmbH, Düsseldorf
Satz: Vaihinger Satz & Druck, Vaihingen/Enz
Druck und Bindung: CPI Moravia Books s. r. o.
Printed in the Czech Republic

ecpa International Member of the
Evangelical Christian
Publishers Association

Inhalt

Gottvater

Gottes Geheimnisse begreift man nicht, man betet sie an.

Wilhelm von Humboldt

Gott ist gnädig und verlangt nur von uns, dass wir seine Güte erkennen.
MATTHIAS CLAUDIUS

Auch wenn unsere Gefühle kommen und gehen, Gottes Liebe tut es nicht.
C.S. LEWIS

Die Menschen sehen Gott jeden Tag, sie erkennen ihn nur nicht.
PEARL BAILEY

Das Wichtigste, was Menschen über Gott wissen müssen: Gott ist unbegreiflich und gleichzeitig zum Greifen nah.
MANFRED SIEBALD

Der einzige Gottesbeweis, wenn es überhaupt einen gibt, ist der, dass nichts in der Welt unser Herz ausfüllen kann.
HEINRICH KEMNER

Gott hat uns nicht erschaffen,
um uns zu verlassen.
Michelangelo Buonarroti

Wir sind alle Saiten im Konzert
der Freude Gottes.
Jakob Böhme

Wenn ich Männer der Wissenschaft
sagen höre, dass sie Gott
nicht sehen können, so staune ich.
Für mich ist es unmöglich,
ihn nicht zu sehen.
C.H. Spurgeon

Gott wohnt,
wo man ihn einlässt.
Martin Buber

Man kann niemals tiefer fallen
als in Gottes Hand.
Edzard Schaper

Gott trägt dein Bild
in seiner Brieftasche.
TONY CAMPOLO

Zeit, Weise und Wege der Hilfe Gottes
müssen wir ihm überlassen.
Aber dass Gott uns zur rechten Stunde
helfen wird, das wissen wir, das steht fest.
MARTIN LUTHER

Gott hat nur einen Gedanken, einen Willen,
ein Ziel: dass wir alle zu ihm kommen.
HERMANN BEZZEL

Wie wunderbar,
dass ich dazu nicht zu gering bin,
dass Gott mich braucht!
KARL BARTH

Bei Gott gibt es keine Probleme, nur Pläne.
Im Himmel gibt es keine Panik.
CORRIE TEN BOOM

Der Mensch ist die Sehnsucht Gottes.
Augustinus

Gott ist immer eher bereit, zu hören
und zu geben, als wir bereit sind,
zu bitten und zu empfangen.
Desmund Tutu

Was Gott für uns tut,
das tut er in uns.
C. S. Lewis

Gott kennt dein Gestern,
gib ihm dein Heute,
er sorgt für dein Morgen.
Ernst Modersohn

Was Gott ist,
wissen wir so wenig, wie ein Käfer weiß,
was ein Mensch ist.
Huldrych Zwingli

Gott verlässt keinen,
der sich auf ihn verlässt.
JOHANNES GOSSNER

Dieweil er Gott ist, so kann er
und weiß er, wie er's mit mir
aufs Beste machen soll.
Dieweil er Vater ist, wird er's auch tun.
MARTIN LUTHER

Alles kann Gott, nur eines nicht:
die enttäuschen, die ihm vertrauen.
ERNST MODERSOHN

Vor Gott ist keine Flucht
als nur zu Ihm.
FRIEDRICH RÜCKERT

Wer Gott suchen will,
der findet ihn überall.
NOVALIS

Gott will,
dass wir in der Welt um uns her
seine liebevolle Anwesenheit
bemerken.

BRENNAN MANNING

Die Welt liegt nicht auf meinen,
sondern auf Gottes Schultern.

EVA-MARIA ADMIRAL

Gott nötig haben ist des Menschen
höchste Vollkommenheit.

SÖREN KIERKEGAARD

Wenn du ihn verstehen würdest,
wäre er nicht Gott.

AUGUSTINUS

Ich habe keinen Gott,
aber Gott hat mich.

ERNST BARLACH

Gott gießt seinen Segen
besonders über die Menschen aus,
die wissen, wie sehr sie ihn brauchen.
Robert H. Schuller

Keiner geht über diese Erde,
den Gott nicht liebt.
Friedrich von Bodelschwingh

Gott ist bereit, uns alles zu geben,
was wir nötig haben,
wenn wir es nötig haben.
Hudson Taylor

Ohne Gott können wir nichts tun.
Ohne Menschen möchte Gott nichts tun.
Augustinus

Gott liebt uns, und deshalb wartet er darauf,
dass wir ihm sagen, was uns fehlt.
Peter Strauch

Während wir an Gott Fragen richten, die ohne Antwort bleiben, stellt er uns immer andere Fragen, auf die wir gar nicht hören.
Paul Tournier

Gott verliert seine Freunde
nicht aus den Augen.
Dominique Lacordaire

Kein Ding geht eher, bis die Stunde kommt,
die Gott bestimmt hat.
Martin Luther

Gott ist so groß, dass ihm das Kleinste
nicht zu klein ist.
Dietrich Bonhoeffer

Weil Gott der lebendige Gott ist,
kann er erhören;
weil er der liebende Gott ist,
will er erhören.
C.H. Spurgeon

Gott ist immer in uns,
nur wir sind selten zu Hause.
MEISTER ECKHART

Wir sind zur Anbetung Gottes
geschaffen und sollen gleichzeitig
darin beschenkt werden.
WOLFGANG KRASKA

Gott liebt uns nicht,
weil wir so wertvoll sind,
sondern wir sind so wertvoll,
weil Gott uns liebt.
HELMUT THIELICKE

Ein bewiesener Gott
wäre nicht mehr Gott,
nicht der Herr der Menschen
und der Welt,
sondern selbst ein Stück Welt.
WERNER WIESNER

Gott hat nur eine Freude:
mitzuteilen.
Also ist ihm der Willkommenste,
der am meisten braucht.
SÖREN KIERKEGAARD

Das Weltmeer ist auszuschöpfen,
aber nicht die Liebe Gottes.
LUDWIG HOFACKER

Die wunderbare Einrichtung
und Harmonie des Weltalls kann nur
nach dem Plane eines allwissenden
und allmächtigen Wesen
zustande gekommen sein.
Das ist und bleibt meine letzte
und höchste Erkenntnis.
ISAAC NEWTON

Gott liebt jeden von uns,
als gäbe es nur einen von uns.
AUGUSTINUS

Denke nicht so viel darüber nach,
wer für oder gegen dich ist,
verwende lieber all deine Sorge darauf,
dass Gott mit dir ist!
Thomas von Kempen

Gott hat uns geschaffen,
damit wir lieben und geliebt werden.
Mutter Teresa

Warten heißt, Gott zutrauen,
dass er weiß, was er tut.
John Ortberg

Gott braucht den Menschen nicht,
um glücklich zu sein,
und doch liebt er ihn so,
als ob er ohne ihn ewig
unglücklich wäre.
Ernesto Cardenal

Wenn Gott einen Menschen misst,
legt er das Maßband nicht um seinen Kopf,
sondern um sein Herz.
CORRIE TEN BOOM

Gott ist uns näher, als wir uns selber sind.
AUGUSTINUS

Ein jedes Geschöpf
hat eine Spur von Gott an sich.
MATTHIAS CLAUDIUS

Kenne ich Gott?
Ebenso gut könnte man fragen:
Kennt der Seestern den Ozean, in dem er lebt und stirbt? Er kennt wohl nur Wellen und Strömungen, nicht aber den Ozean.
KURT MARTI

Wohl können wir Gott unser Herz öffnen,
aber nicht ohne göttliche Hilfe.
THOMAS VON AQUIN

Ist Gott nicht,
dann ist mir alles gleich.
Ist Gott, dann ist mir erst recht
alles gleich.
DIETRICH BONHOEFFER

Gott will,
dass die Menschen fröhlich sind,
darum hat er ja alles so schön gemacht.
MARTIN LUTHER

Der Durst ist der Beweis für die Existenz
von Wasser. Das Auge ist der Beweis
für die Existenz von Licht.
Der Wille zum Sinn ist ein Beweis
für die Existenz von Sinn.
Wenn ungezählte Menschen
aller Völker Gott lieben, dann ist Gott.
VIKTOR FRANKL

Jesus Christus

Wir wollen Christus gehorchen
und gehören, sonst niemandem!

Dietrich Bonhoeffer

Das letzte Wort, das ich als Theologe
und auch als Politiker zu sagen habe,
ist nicht ein Begriff wie »Gnade«,
sondern ein Name: Jesus Christus.
Karl Barth

Mit Jesus Christus
bekommen wir nicht das, was wir wollen,
sondern den, den wir brauchen.
Johannes Kuhn

Christus nimmt uns so an, wie wir sind,
aber er lässt uns nicht so, wie wir sind.
Ingrid Trobisch

Mit Jesus sind wir stärker
als der Teufel.
Corrie ten Boom

In Christus sieht der Mensch,
wozu er berufen ist und was er werden kann.
Matthias Claudius

Christum erkennen
heißt seine Wohltaten erkennen.
PHILIPP MELANCHTHON

Die neue Ordnung,
die Jesus bringt, ist Liebe.
HERBERT GIRGENSOHN

Wasser oder Bier trinken
ist ein Mittel gegen den Durst,
ein Stück Brot vertreibt den Hunger,
Christus ist ein Mittel gegen den Tod.
MARTIN LUTHER

Christus, die große Sonne,
erlischt keinem für immer,
den sein Strahl einmal durchleuchtet.
Er ist vergraben im umwölktesten Herzen,
und es kann stündlich geschehen,
dass er aufersteht.
TERESA VON AVILA

Das ganze Evangelium will nichts
als Freude dem Menschen anbieten.
Deswegen hat man sich in Acht zu nehmen,
nicht einen Schreck daraus zu machen oder
gar Jesus, den Freudenbringer, als einen
Sinai-Donnerer hinzustellen.
JOHANN CHRISTOPH BLUMHARDT

Christus steht nicht hinter uns
als unsere Vergangenheit, sondern vor uns
als unsere Hoffnung.
FRIEDRICH VON BODELSCHWINGH

Der, der für uns ist, ist größer als alle,
die gegen uns sein könnten.
HUDSON TAYLOR

Jesus greift immer zur rechten Zeit ein.
LUISE BUCHMANN

Es wird kein Herz satt, es höre denn Christus
und horche auf das Evangelium.
MARTIN LUTHER

Nicht in unserm Leben
muss sich Gottes Hilfe und Gegenwart
erst noch erweisen, sondern im Leben Jesu
Christi hat sich Gottes Gegenwart
und Hilfe für uns erwiesen.
DIETRICH BONHOEFFER

Die Herren der Welt kommen und gehen.
Unser Herr kommt.
GUSTAV HEINEMANN

Gib Gott dein Bestes!
In Jesus Christus gab Gott sein Bestes
für dich.
BILL HYBELS

Die gesamte Botschaft
des Evangeliums lautet in einem Satz:
Werdet wie Jesus.
HENRI NOUWEN

Jesus ist einer, der alles von mir weiß.
Und trotzdem nicht irre an mir wird,
sondern der mir sagt: Ich leide mit dir,
wenn du an dir leidest. Das ist der Trost,
der uns zugesprochen wird:
Ich bin durchschaut, aber ich bin von
einem Liebenden durchschaut.

Helmut Thielicke

Man kommt nicht zur Ruhe,
wenn Jesus nicht der Mittelpunkt ist.

Hermann Bezzel

Christus will dein Bruder sein,
so will Gott dein Vater sein, so müssen nun
auch alle Engel deine Freunde sein,
und es müssen lachen und sich mit dir
freuen Sonne, Mond und Sterne.

Martin Luther

Nicht was ich für Gott tue,
macht meinen Wert aus,
sondern was Jesus für mich getan hat.

Waltraud Reimer

Wenn euer Herz voll ist von Christus,
werdet ihr singen müssen.
C.H. Spurgeon

Jesus ist der Magnet,
den Gott in die Welt hineinhält.
Angezogen werden die Hungrigen,
die nach Frieden mit Gott verlangen.
Wilhelm Busch

Jesus Christus regiert durch die Liebenden,
die in der Welt sind.
Helmut Thielicke

Niemand und nichts kann den Augenblick
der Ankunft Jesu Christi bestimmen,
kein Weltgesetz und Weltprozess,
keine Regel der Geschichte,
kein Wille oder Unwille der Menschheit
kann ihn hervorrufen. Aber niemand
und nichts kann die Ankunft
der Zeit Gottes verhindern.
Heinrich Schliern

Wie Christus die Menschen hat geliebet
von Anfang, so liebt er sie bis ans Ende
und tut noch immer an Einzelnen,
wie und was er für alle getan hat.
MATTHIAS CLAUDIUS

Nicht dann hast du Christus,
wenn du weißt, dass er Gott und Mensch ist,
sondern wenn du glaubst, dass er dein
Knecht, dein Erlöser und dein Priester ist.
MARTIN LUTHER

Wenn wir über Weisheit sprechen,
sprechen wir über Christus.
Wenn wir über die Tugend sprechen,
sprechen wir über Christus.
Wenn wir über Gerechtigkeit sprechen,
sprechen wir über Christus.
Wenn wir über Friede sprechen,
sprechen wir über Christus.
Wenn wir über Wahrheit und Leben
und Erlösung sprechen,
sprechen wir über Christus.
AURELIUS AMBROSIUS

Jesus Christus ist immer da,
wo wir sind, wo die Stürme heulen
und die Brecher
auf uns niederprasseln.
HELMUT THIELICKE

Von außen muss die Hilfe kommen,
und sie ist gekommen und kommt täglich
neu in dem Wort von Jesus Christus,
das uns Erlösung, Gerechtigkeit,
Unschuld und Seligkeit bringt.
DIETRICH BONHOEFFER

In dem gekreuzigten Christus
liegt die wahre Theologie
und Erkenntnis Gottes. Darum,
wer Christus nicht kennt,
kennt auch den im Leiden
verborgenen Gott nicht.
Man kann Gott nur finden
in Leiden und Kreuz.
MARTIN LUTHER

Christus hat jetzt keinen anderen Leib
als euren, keine Hände außer eure.
Eure Augen sind es, durch die Christi
Erbarmen auf die Welt schaut. Mit euren
Füßen geht er umher und tut Gutes.
Mit euren Händen will er uns jetzt segnen.
TERESA VON AVILA

Das Angesicht Gottes,
die uns zugewandte helle Seite Gottes,
ist uns in Christus geschenkt.
DETLEV BLOCK

Wenn wir sehen wollen, wie Gott den
Menschen eigentlich gemeint hat,
dann müssen wir das Leben Jesu anschauen.
PAUL DEITENBECK

Himmel und Erde predigen Christus,
und alle Körper und Erscheinungen in der
sichtbaren Natur sind Glöcklein am Leibrock,
die ihn und seinen Gang verraten.
MATTHIAS CLAUDIUS

Ich glaube an Christus,
so wie ich glaube,
dass die Sonne aufgegangen ist,
nicht nur, weil ich sie sehe,
sondern weil ich durch sie
alles andere sehen kann.
C.S. Lewis

Christus wacht mit größerer Sorge
über dich als du selbst.
Martin Luther

Wenn ich Christus finde,
dann finde ich auch mich selbst.
Brennan Manning

Im Herzen eines jeden Menschen befindet
sich ein von Gott geschaffenes Vakuum,
das durch nichts Erschaffenes erfüllt
werden kann als allein durch Gott,
den Schöpfer,
so wie er sich in Christus offenbart.
Blaise Pascal

Christus wirkt aus denen,
in denen er wohnt.
HULDRYCH ZWINGLI

Jesus kam nicht, um das Leiden
wegzunehmen, sondern um es mit seiner
Gegenwart zu erfüllen.
PAUL CLAUDEL

Meine Sünde treibt mich zu Jesus,
und seine Gnade fesselt mich an ihn.
HERMANN HEINRICH GRAFE

Das ganze Leben besteht aus Gelegenheiten,
Jesus zu begegnen.
ROMANO GUARDINI

Du hast auf dich genommen, was mein ist,
und mir gegeben, was dein ist. Du hast auf
dich genommen, was du nicht warst,
und hast mir gegeben, was ich nicht war.
MARTIN LUTHER

Wir glauben nicht an Wunder, sondern wir glauben an den Herrn, der Wunder tut.
Helmut Thielicke

Jesus kam nicht, um uns zu verwöhnen, sondern zu versöhnen.
Peter Hahne

Bei Christus kann man Gott nicht verfehlen.
Martin Luther

Jesus zu vertrauen heißt, dass wir Fehler machen dürfen und fest daran glauben, dass sein Leben dennoch weiter in uns pulsiert.
Brennan Manning

Die Reden Christi sind ein Born, der nicht verlöscht. Wie man aus ihm schöpft, füllt er sich wieder an; und der folgende Sinn ist immer noch größer und herrlicher als der vorhergehende.
Matthias Claudius

Nur dann, wenn man Jesus das Herz
übergibt, kann man ihn finden.
SADHU SUNDAR SING

Über Christus reden
heißt im Grunde stammeln.
Wie soll ich auch über den Geschmack
einer Frucht reden. Nur jener,
der selbst geschmeckt hat,
wird verstehen. Den anderen kann ich nur
verlocken, selbst zu kosten.
PETER HORTON

Die Welt ist nur erträglich,
weil der noch einmal wiederkommen wird,
der sie überwand.
JOCHEN KLEPPER

Wer nicht Jesus
als seinen Anwalt annimmt,
der begegnet ihm als Richter.
CORRIE TEN BOOM

Jesu ganzes Dasein
ist die Übersetzung der Macht in Demut.
ROMANO GUARDINI

Man muss dem Heiland in Person bekannt
werden, sonst nützt alle Theologie nichts.
NIKOLAUS GRAF VON ZINZENDORF

Jesus ist Gottes letztes Wort!
Wenn wir ihn nicht annehmen,
dann hat uns Gott nichts mehr zu sagen.
WILHELM BUSCH

Achte nur darauf, was Christus für dich
und für alle getan hat, damit auch du lernst,
was du für andere zu tun schuldig bist!
MARTIN LUTHER

Jesus fordert nichts von uns, ohne uns die
Kraft zu geben, es auch zu tun.
DIETRICH BONHOEFFER

Christus ist die Sprache der Ewigkeit,
übersetzt in die Worte der Zeit.
MARTIN LUTHER KING

Heiliger Geist

Du kannst den Geist nicht erzeugen,
du kannst ihn nur empfangen.

Clemens Brentano

Die erste Folge der Geistesfülle
ist die Erkenntnis
der eigenen Ohnmacht und Leere.
HEINZ ZAHRNT

Lieber Gott, gib uns den Heiligen Geist,
der das gehörte Wort in unsere Herzen
schreibe, so dass wir's annehmen und
glauben und uns seiner in Ewigkeit
freuen und trösten.
MARTIN LUTHER

Die entscheidende Frage für einen Christen
lautet nicht:
Habe ich den Heiligen Geist?, sondern:
Hat der Heilige Geist mich?
PETER STRAUCH

Glaube ist immer
Überwindung des Ärgernisses durch
die Kraft des Heiligen Geistes.
HEINRICH KEMNER

Der Teufel kann einem Knecht Christi
gegenüber nichts ausrichten,
wenn in diesem die heilige Fröhlichkeit
des Geistes herrscht.
Franz von Assisi

Der Heilige Geist macht uns
zuerst sündenbewusst,
aber wenn wir bekennen,
für Vergebung danken,
macht er uns siegesbewusst.
Corrie ten Boom

Dass die Schrift von Gott kommt,
das glauben wir, weil die Kraft des Heiligen
Geistes uns erleuchtet hat,
aber nicht aufgrund des eigenen Urteils.
Johannes Calvin

Stille ist die Arbeitszeit
des Heiligen Geistes.
Peter Hahne

Die Grundlage des christlichen Glaubens ist,
dass wir einen neuen Geist annehmen,
nicht eine neue Lehre.
OSWALD CHAMBERS

Glaube ist Liebe, Frieden und Freude
im Heiligen Geist. Er ist die fröhlichste
und heiterste Sache der Welt. Er ist völlig
unvereinbar mit Griesgrämigkeit,
Missmut und Hartherzigkeit.
JOHN WESLEY

Gottes Geist ist wie ein Feuer,
das uns wärmt, das den Weg weist
und Verdorrtes verbrennt.
ROLAND WERNER

Der Heilige Geist schafft einen neuen Mut,
dass der Mensch vor Gott fröhlich wird
und Liebe zu ihm gewinnt und den Leuten
mit fröhlichem Gemüte dient.
MARTIN LUTHER

Grabe tiefer in der Mine der Reichtümer
des Wortes Gottes und bitte
den Heiligen Geist, dein Herz mit der Freude
über deine Rettung zu erfüllen.
Dann wird dein Leben und Reden deinen
Mitmenschen zum Segen.

C.H. Spurgeon

Es gibt eine innere Einheit und
Verbundenheit in Christus, die nicht das
Ergebnis menschlicher Bemühungen ist,
sondern Schöpfung des Heiligen Geistes.

Peter Strauch

Wenn Jesus den Schleier vor unseren
Augen wegnähme: Wir würden Engel sehen,
die uns versorgen und dass der Heilige Geist
in uns und der Vater um uns ist!

Oswald Chambers

Viele Christen leben,
als ob Pfingsten noch vor uns läge.

Corrie ten Boom

Alle Geistesfrucht kann durch unsere
Selbstgefälligkeit wurmstichig werden.
WALTER HÜMMER

Hoffen ist aus dem Geist Gottes, aber
Verzweifeln ist aus unserm eignen Geist.
MARTIN LUTHER

Wir werden nicht in die Lage versetzt,
Jesus nachzuahmen; der Heilige Geist nimmt
uns in das Wesen Jesu selbst hinein
und schenkt es uns.
OSWALD CHAMBERS

Je tiefer wir uns vom Geist Christi
prägen lassen, desto mehr merken wir,
dass alles im Leben Geschenk ist.
BRENNAN MANNING

Gott sehnt sich danach, dass seine Kraft
auch durch dein Leben fließt.
BILL HYBELS

Es gilt, die Segel zu setzen,
wenn der Wind bläst, sonst tritt wieder
Windstille ein. Es gilt zu entbrennen,
wenn Gottes Feuer zünden wollen,
sonst hat man dieses Feuer wieder
mit der Asche seiner Ängste und Süchte
und all ihren Vorwänden zugedeckt.
HEINRICH SPAEMANN

Wer bittet: »Komm, Heiliger Geist!«, der
muss auch bereit sein zu bitten: »Komm und
störe mich, wo ich gestört werden muss!«
WILHELM STÄHLIN

Hunger nach Gott ist eine Gabe,
ein Zeichen des Heiligen Geistes
und eine Vergewisserung, dass Gott in
deinem Herzen lebt und am Werk ist.
MIKE YACONELLI

Das Wort bringt den Geist
an die Herzen heran, der Geist bringt
das Wort in die Herzen hinein.
HENDRIKUS BERKHOF

Der Geist macht das Herz durch seine Gnade
willig und fröhlich zum Guten, dass der
Mensch die Werke frei, umsonst und nur
Gott zu Ehren tut; denn durch den Glauben
und Geist ist er schon gerecht und selig;
dahin vermöchte ihn kein Werk zu bringen.
MARTIN LUTHER

Ich bin nur ein kleines Kabel –
Gott ist der Strom.
MUTTER TERESA

Ich glaube an Überraschungen
durch den Heiligen Geist.
LÉON-JOSEPH SUENENS

Jedes Mal, wenn wir sagen:
»Ich glaube an den Heiligen Geist«,
drücken wir damit aus, dass wir an die
Existenz eines lebendigen Gottes glauben,
der fähig und willens ist, in uns zu wohnen
und unseren Charakter zu verändern.
J.B. PHILIPS

Die Kraft von Pfingsten ist, wenn man es auf den Punkt bringt, einfach mehr Liebe. Wenn sie nicht mehr Liebe hervorbringt, ist sie bloß eine Fälschung.

William J. Seymour

Siehe, Herr, ich bin ein leeres Gefäß, das bedarf sehr, dass man es fülle. Mein Herr, fülle es, ich bin schwach im Glauben.

Martin Luther

Wichtiger als alle Frucht und Gaben, die er uns gibt, ist dem Heiligen Geist, dass er uns zuerst und immer wieder den Geber aller Gaben und den Schöpfer aller Welten groß macht.

Maria Kaissling

Wenn die Heilige Schrift durch den Heiligen Geist lebendig und kräftig gemacht wurde, passt sie für alle Notlagen des Lebens.

Oswald Chambers

Das meiste in unserem Leben
hat eine ziemlich schrille Lautstärke –
bis auf das leise und ruhige Flüstern
des Heiligen Geistes.
BILL HYBELS

Das Wort ist Tür und Fenster des Heiligen Geistes. Die Fenster sind dazu im Hause, dass das Licht hereindringe. Willst du diese Fenster schließen, so gibt Gott den rechten Heiligen Geist nicht. Er will diese Tür gebrauchen, nämlich das geschriebene oder gesprochene Wort. Das soll stärker sein als alles andre, dadurch will er dein Herz erleuchten.
MARTIN LUTHER

Schon bei der Schöpfung des Kosmos schwebte der Heilige Geist über den Wassern, und auch heute ist er ständig dabei, Totes in Lebendes zu verwandeln und die Gestalt der Erde wie die Herzen der Menschen zu erneuern.
SIEGFRIED GROSSMANN

Ich beginne jeden Tag
im Vertrauen darauf, dass Gottes Geist
mein Leben führt. Ich sage ihm,
wie sehr ich mir das wünsche.
Ich erlebe, wie der Geist Gottes
mich beeinflusst, korrigiert und auf
besondere Situationen aufmerksam macht.
Manchmal erfahre ich sehr konkret
seine Führung. Ohne das Bewusstsein
seiner Gegenwart kann ich mir mein
Christsein nicht mehr vorstellen.

Peter Strauch

Der Geist Gottes wurde uns gegeben,
um uns Christen sozusagen als Familie
zu vereinen. Als seine Kinder sollen
wir unserem himmlischen Vater
Ehre machen.

Gordon MacDonald

Der Geist ist die neue Weise des Lebens
und Handelns Jesu Christi.

Hendrikus Berkhof

Der Heilige Geist ist die große Arznei,
die den Leib Christi heilen kann.
Er heilt die verletzte Seele genauso
wie den zerrissenen Leib Christi.
RANIERO CANTALAMESSA

Der Heilige Geist
führt uns weg vom Kopf
hin zum Herzen.
BRENNAN MANNING

Wenn du im Geiste Gottes sein willst,
darfst du nur in Liebe denken
und handeln.
ALBERT SCHWEITZER

Die Begegnung mit dem Heiligen Geist
ist wesentlich Warten auf sein Kommen.
Du hast nichts Eigenes zu bringen,
womit du seine Gegenwart, seine Gaben,
sein Reden in dir hervorrufen könntest.
ARNE VÖLKEL

Wie unabhängig von allen äußeren
Umständen und Verhältnissen kann der
Heilige Geist einen Jünger Christi machen!
Welch ein herrliches Licht kann in uns
scheinen, wenn um uns her alles dunkel ist!
Wie sicher, wie selig, wie ruhig,
wie reich an Frieden können wir sein,
wenn die Welt erzittert und die Grundfesten
der Erde sich bewegen!

C.H. Spurgeon

Es ist ein Unterschied, zu wissen,
dass ein Gott ist, und zu wissen,
was oder wer Gott ist.
Das eine lehrt die Natur.
Dies aber lehrt uns der Heilige Geist.

Martin Luther

Zum Leben in der Kraft
des Heiligen Geistes gehört das innere
Achten und Hören auf ihn,
ebenso der Gehorsam,
das Gehörte zu leben.

Peter Strauch

Der Heilige Geist lehrt uns
zu seufzen, weil er uns erinnert,
dass wir Pilger sind und Heimweh
nach dem Vaterland haben.

AUGUSTINUS

Derselbe Geist, der mir etwas als nicht
recht aufdeckt, gibt mir auch die Kraft
zu überwinden.

DOROTHEA TRUDEL

Der Heilige Geist
ist ein schöpferischer Geist,
und die Vielfalt der Gruppen,
der Berufungen und der Aufträge
spiegelt die Vielfalt unseres
schaffenden Gottes wider.

VERONIKA GRÖHE

Wenn der Heilige Geist
uns völlig beherrscht, wird er in uns
den Dank für alles bewirken.

OSWALD SANDERS

Die göttlichen Dinge kommen unbemerkt ins Herz hinein. Gott macht es in deinem Herzen durch seinen Geist, und dort lebt es, und dann kommt es von selbst aus dir heraus wie der Atem.

Johann Christoph Blumhardt

Wenn uns der Geist bewegen soll, ohne dass wir uns bewegen; uns erleuchten soll, ohne dass wir denken; uns heiligen soll, ohne dass wir wollen; uns gehorsam machen soll, ohne dass wir gehorchen; uns vom Bösen erlösen soll, ohne dass wir es lassen; so haben wir nicht Christi Verheißung für uns.

Adolf Schlatter

Die Bergpredigt ist keine Auflistung von Verhaltensmaximen, nach denen man sich richten sollte. Ohne eine tiefe Identifikation mit Jesus ist dies gar nicht möglich. Die Bergpredigt ist eine Beschreibung des Lebens, das wir führen, wenn der Heilige Geist in uns freie Hand bekommt.

Oswald Chambers

In der Kraft des Heiligen Geistes leben
heißt: Ich setze nicht auf meine Fähigkeiten
und Möglichkeiten, sondern auf die
grenzenlosen Möglichkeiten Gottes.
PETER STRAUCH

Ohne den Heiligen Geist ist Gott fern,
bleibt Christus in der Vergangenheit,
ist die Kirche bloße Organisation,
ist Mission Propaganda, ist christliches
Handeln Sklavenmoral, ist Evangelium
toter Buchstabe, ist Autorität Herrschaft,
ist Gottesdienst Beschwörung.
CLEMENT OLIVIER

Der Heilige Geist ist das Diesseitigste,
was wir vom Jenseits erfassen können –
fremdartig und doch erfahrbar, wie
ein Meteorit aus der Welt Gottes.
WOLFGANG KRASKA

Sünde und Erlösung

Der Anfang aller Einsicht ist, sich selbst als Sünder zu erkennen.

AUGUSTINUS

Niemand kann das Geheimnis
des Sterbens Jesu fassen, der nichts von
eigener Schuld weiß.
FRIEDRICH VON BODELSCHWINGH

Christus, der sich einst geopfert hat,
ist bis in Ewigkeit ein sicheres und gültiges
Opfer für die Sünden aller Gläubigen.
HULDRYCH ZWINGLI

Unsere Sünde ist der Liebe Christi
nicht gewachsen.
WERNER STEINBERG

Das ist das Geheimnis der Gnade:
Es ist niemals zu spät.
FRANÇOIS MAURIAC

Gott legt die Gnade
immer nur in Bettlerhände.
HERMANN BEZZEL

Der Sünder kommt nicht zu Gott,
Gott kommt zu ihm.
C.H. Spurgeon

Wer den Herzschlag Gottes fühlen will,
muss das Holz von Golgatha berühren.
Werner Steinberg

Gerechtigkeit ist nur in der Hölle;
im Himmel ist Gnade.
Gertrud von Le Fort

Umkehr ist der schnellste Schritt voran.
C. S. Lewis

Buße heißt: Umkehr.
Und Umkehr bedeutet nichts als Heimkehr.
Harmannus Obendiek

Sünde ist Ablehnung Gottes
und Gutseinwollen auf eigene Faust.
Ralf Luther

Die große Schuld des Menschen sind nicht
die Sünden, die er begeht – die Versuchung
ist mächtig und seine Kraft gering –,
die große Schuld des Menschen ist,
dass er in jedem Augenblick die Umkehr
tun kann und nicht tut.

Martin Buber

Auf Golgatha hat die Sünde zwar nicht ihre
Macht, aber ihr Recht verloren.

Hermann Bezzel

Die Sünden können Christus nicht von den
Sündern wegreißen, die an ihn glauben.

Martin Luther

Der Herr hat uns am Kreuz,
nicht vom Kreuz erlöst.

Kyrilla Spiecker

Die ganze Welt wird neu,
wenn Gott Sünde vergibt.

Martin Luther

Der Einzige, der Grund hätte,
unser Richter zu sein
(weil er vollkommen ist),
hat sich ein für alle Mal entschieden,
unser Liebhaber zu sein.
Marion Buchheister

Als Christus starb, starb er für jeden
Einzelnen von uns, als ob jeder der einzige
Mensch auf dieser Welt wäre.
C.S. Lewis

Sünde ist:
den Dialog mit Gott ablehnen
und die Gemeinschaft mit dem Sohn
nicht wollen.
Maria Kaissling

Christ ist der Mensch, der sein Heil,
seine Rettung, seine Gerechtigkeit
nicht mehr bei sich selbst sucht,
sondern bei Jesus Christus allein.
Dietrich Bonhoeffer

Vergebung tut uns Not wie Nahrung.
Jochen Klepper

Christus ist ein Schloss ohne Schlüssel
und ein Labyrinth ohne Faden,
ehe ihr ihn als Erlöser kennt.
C.H. Spurgeon

Der Teufel mag uns verklagen, als wären
wir die allerschlechtesten Menschen, wir
werden dennoch die Gerechten sein.
Martin Luther

Für die Sünde gibt es keine Lösung,
sondern nur Erlösung.
Arne Völkel

Dass Gott dir Verzeihung versprochen,
wenn du dich morgen bekehrst,
dessen magst du dich freuen, aber der
morgige Tag ist dir nicht versprochen.
Augustinus

Kein Mensch geht durch seine Sünden
verloren, sondern nur durch seine
Selbstgerechtigkeit.
REMMER JANSSEN

Es gibt nur zwei Arten von Menschen:
Gerechte, die sich für Sünder halten;
und die anderen Sünder,
die sich für Gerechte halten.
BLAISE PASCAL

Meine Theologie wird immer einfacher.
Sie besteht aus vier Worten:
Jesus starb für mich.
C.H. SPURGEON

Zu deinem Eigentum
hast du uns geschaffen, o Herr,
und ruhelos ist unser Herz,
bis es ruhet in dir.
AUGUSTINUS

Mir ist's wegen angeborener Bosheit und Schwachheit bisher unmöglich gewesen, den Anforderungen Gottes zu genügen. Wenn ich nicht glauben darf, dass Gott mir um Christo willen das täglich beweinte Zurückbleiben vergeben hat, so ist's aus mit mir, ich muss verzweifeln. Aber das lass ich bleiben! Wie Judas an den Baum hängen, das tu' ich nicht. Ich häng mich an den Hals oder Fuß Christi, wie die Sünderin, ob ich auch noch schlechter bin wie diese. Ich halte meinen Herrn fest. Dann spricht er zum Vater: Dies Anhängsel muss auch durch. Er hat zwar nichts gehalten und alle deine Gebote übertreten. Aber er hängt sich an mich, Vater. Was will's! Ich starb auch für ihn. Lass ihn durchschlüpfen. Das soll mein Glaube sein!

Martin Luther

Solange unser Gewissen nicht totgeschlagen ist, wissen wir ganz genau, dass wir nichts so nötig brauchen wie die Vergebung unserer Sünden.

Wilhelm Busch

Der Weg zur Hölle
ist in der Regel gar nicht mit Verbrechen
und großen Lumpereien, sondern er ist
mit lauter Harmlosigkeiten
und Anständigkeiten gepflastert,
weil sie den falschen Rang
in unserem Leben bekommen.
HELMUT THIELICKE

Der Herr lässt sich weder durch unsere
Sünden noch durch unser Murren ermüden.
C.H. SPURGEON

Buße ist nicht etwas, das wir tun,
um uns die Vergebung zu verdienen;
sondern wir tun Buße,
weil uns bereits vergeben ist.
BRENNAN MANNING

Der Himmel ist umsonst gegeben
und geschenkt.
MARTIN LUTHER

Sei wachsam gegen die Sünde;
aber deshalb ist es nicht nötig,
alles zu unterdrücken, was das Leben
heiter und glücklich gestalten kann.
C.H. Spurgeon

Gott gibt uns nicht auf –
er liebt uns eine Ewigkeit.
Jürgen Werth

Was ist verheißen?
Dass Gott in der Angst der Welt einen
beim Glauben erhalten will und im Glauben
aus dem Gericht genommen hat!
Jochen Klepper

Es gehört noch mehr Gnade dazu,
aus einem selbstgerechten Pharisäer
einen armen Sünder zu machen als aus
einem armen Sünder einen Gerechten.
Hermann Heinrich Grafe

Wo Gott nicht ohne Unterlass vergibt,
sind wir verloren.
Martin Luther

Wenn dir der Herr deine Sünden abnimmt,
siehst du sie niemals wieder.
Er wirft sie ins tiefe Meer –
vergeben und vergessen.
Ich glaube sogar,
dass er ein Schild darüber anbringt:
Fischen verboten!
Corrie ten Boom

Wie die Mutter sich freut, wenn sie das erste Lächeln ihres Kindes bemerkt, so freut sich Gott jedes Mal, wenn er vom Himmel sieht, dass ein Sünder sich vor ihm aus vollem Herzen zum Gebet beugt.
Fjodor M. Dostojewski

Früh im Leben an Gott glauben,
das heißt, sich viel Reue ersparen.
C.H. Spurgeon

Die meisten Menschen beichten am liebsten die Sünden anderer Leute.
GRAHAM GREENE

Gott flickt nicht bloß aus. Die erlöste Menschheit wird etwas Herrlicheres sein, als die ungefallene je gewesen wäre.
C.S. LEWIS

Die Sünde hat nur zwei Orte, wo sie ist. Entweder ist sie bei dir, dass sie dir auf dem Halse liegt, oder sie liegt auf Christus, dem Lamm Gottes. Wenn sie nun dir auf dem Rücken liegt, so bist du verloren; wenn sie aber auf Christus ruhet, so bist du frei und wirst selig. Nun greife zu, welches du willst.
MARTIN LUTHER

Das Gewissen hindert uns nicht, Sünden zu begehen. Aber es hindert uns, die Sünden zu genießen.
SALVADOR DE MADARIAGA Y ROJO

Es gibt nur einen Ort,
an dem die Spannung
zwischen dem gerechten
und dem barmherzigen Gott gelöst wird,
das ist das Kreuz Christi.
PETER STRAUCH

Wer nicht durch die Gnade selig werden will,
geht nach dem Gesetz verloren.
HERMANN HEINRICH GRAFE

Gott ist ein heiliger Gott,
und Gott ist die Liebe.
Ein Ozean von Liebe und Erlösung steht
durch Jesus zu unserer Verfügung.
CORRIE TEN BOOM

Im Vertrauen auf Gottes Erlösung
werden die Gefühle zu einer schönen
Bereicherung des Lebens,
aber nicht zu ihrer Basis.
OSWALD CHAMBERS

Wenn im Glauben Ebbe ist,
steigt oft in der Sünde die Flut.
C.H. Spurgeon

Bloße Besserung ist noch lange keine Erlösung, obwohl die Erlösung einen Menschen immer besser werden lässt.
C.S. Lewis

Ich habe in meinem Leben zwei wichtige Dinge gelernt: Dass ich ein großer Sünder bin und dass Christus ein noch größerer Retter ist.
Isaac Newton

Sünde ist die Kunst des Lebens ohne Gott. Sünde ist das Verlockendste und Berauschendste, was je in des Menschen Herz kam. Die bedrückende, taumelschwere Entdeckung: dass wir leben können ohne Gott, eine positive, aktive, schöpferische Gottlosigkeit.
Paul Schütz

Keiner ist von Gott völlig verstoßen,
solange er sich nach Gott sehnt.
C.H. Spurgeon

Aus dem Bußgebet bricht Lobgesang auf.
Jochen Klepper

Christliche Buße ist Hinkehr zu Gott.
Das ist das Primäre, die Abkehr vom
Bisherigen das Sekundäre.
Wilhelm Knevels

Nicht für die Prostituierten und die Zöllner
ist die Umkehr am schwersten, sondern für
die Frommen, die meinen, sie hätten es
nicht nötig, Buße zu tun.
Brennan Manning

Erst muss ich glauben, dass ich durch
Christus gerettet bin; dann werde ich
auch meine Rettung fühlen.
Hermann Heinrich Grafe

Buße heißt nicht Gefühlsduselei,
sondern totale Umkehr.
THEODOR BOVET

Zu glauben, dass Christus für die Menschen gestorben sei, nützt gar nichts, wenn man nicht glaubt, einer von diesen zu sein.
MARTIN LUTHER

Wäre Christus tausend Mal
in Bethlehem geboren
und nicht in dir: Du bliebest
dennoch ewiglich verloren.
ANGELUS SILESIUS

Auferstehung und ewiges Leben

Nicht der Tod wird mich holen,
sondern Gott.

Thérèse von Lisieux

Kinder der Auferstehung hat uns Christus genannt. Kinder, die Heimweh haben, das sind wir, wenn es recht mit uns steht.

Dietrich Bonhoeffer

Der Tod ist die uns zugewandte Seite jenes Ganzen, dessen andere Seite Auferstehung heißt.

Romano Guardini

Die Wissenschaft hat herausgefunden, dass nichts spurlos verschwinden kann. Die Natur kennt keine Vernichtung, nur Umwandlung. Wenn nun Gott dieses fundamentale Prinzip gebraucht, wenn es um den kleinsten und unbedeutendsten Teil des Universums geht, ist es dann nicht ganz logisch, damit zu rechnen, dass er dieses Prinzip auch braucht, wenn es um das Meisterwerk seiner Schöpfungstätigkeit geht, nämlich um die Seele des Menschen? Das, glaube ich, tut er.

Wernher von Braun

Das Osterlicht ist der Morgenglanz
nicht dieser, sondern einer neuen Erde.
GERTRUD VON LE FORT

Wenn der, der aus dem Tode und dem Grabe
hinweg ist, zur Rechten Gottes sitzt,
so muss der, der da sagt: »Ich glaube«,
und an ihm hängt, auch hintendrein.
MARTIN LUTHER

In Jesus verliert der Tod seinen Schrecken.
Hier liegt eine ewige Hand in der unseren.
HELMUT THIELICKE

Bis zur Auferstehung kommt für uns noch
immer das Kreuz vor der Krone,
und morgen ist Montag.
C.S. LEWIS

In einer Welt leben, in der Jesus
auferstanden ist, heißt in einer Welt leben,
in der Jesus am Werk ist.
DANIEL T. NILES

Die Überwindung des Todes heißt
Auferstehung. Von der Auferstehung her
leben, das heißt Ostern.
DIETRICH BONHOEFFER

Wir bleiben nicht ewig unter den Sternen,
und unser Erdenleben ist nur eine
ganz kleine Strecke auf der ganzen Bahn
unserer Existenz.
MATTHIAS CLAUDIUS

Es muss alles gut werden,
weil Christus auferstanden ist.
SÖREN KIERKEGAARD

So wahr der Karfreitag sein mag – wir sind
gewiss, dass der Ostersonntag vor uns liegt.
BRENNAN MANNING

Bei uns ist alle Tage Ostern,
nur dass man einmal im Jahr Ostern feiert.
MARTIN LUTHER

Der Tod ist keine Endstation,
eher ein Umsteigen;
man lässt den Körper wie einen Koffer
zurück, vielleicht sogar als lästiges Gepäck.
Ernst Jünger

Nur wer das Ende aller Dinge kennt,
kann über das Chaos lächeln.
Helmut Thielicke

Dieser ganze komplizierte Mensch
für ein einziges, kurzes Leben?
Nein, das wäre zu wenig.
Heinz Rühmann

Am Anfang steht der Glaube,
am Ziel die Schau.
Augustinus

Ewiges Leben bedeutet:
Gott kennen.
Oswald Chambers

Die Auferstehung Christi macht offenbar, dass wir Zukunft haben. Leiden und Tod verlieren dadurch nichts von ihrer Bitterkeit, aber sie erscheinen in einem neuen Licht.
Dietrich Bonhoeffer

Wir sind nicht umsonst in diese Welt gesetzt; wir sollen hier reif für eine andere werden. Es ist nur Einer, der dazu helfen kann, und dem sei Ehre in Ewigkeit.
Matthias Claudius

Die allerdunkelsten Wege Gottes, die wir hier am wenigsten verstehen, werden einmal in der Ewigkeit im allerhellsten Licht seiner ewigen Liebe strahlen.
Friedrich von Bodelschwingh

All unsre Grabsteine erinnern an jenen Stein, der das Grab Jesu verschloss. So dürfen auch unsere Grabsteine Ostersignale setzen.
Siegfried Kettling

Dieses Leben ist ein Vorzimmer des Himmels. Unsere größten Freuden sind nur die ersten Früchte und der Vorgeschmack der ewigen Freude, die noch kommen wird.
Corrie ten Boom

Herrlichkeit bedeutet:
Die Tür, an die wir ein Leben lang anklopften, wird uns endlich aufgetan.
C.S. Lewis

Es ist etwas Großes: An Gräbern stehen und doch froh bleiben.
Hermann Bezzel

Wir werden alle auferstehen,
aber wir werden uns nicht alle freuen.
Augustinus

Es gibt für uns alle eine Heimkehr,
weil es eine Heimat gibt.
Helmut Thielicke

Wir sind in seinen Händen.
MATTHIAS CLAUDIUS

Gott hat uns keine ruhige Überfahrt verheißen, aber eine sichere Ankunft.
HUDSON TAYLOR

Wer die neue Welt Gottes vor Augen hat, kann die Probleme der alten Welt gelöster angehen.
PETER STRAUCH

Es ist ganz gewiss, dass alles in Freude enden wird.
REINHOLD SCHNEIDER

Wir können dem Tod ins Gesicht sehen und die Auferstehung erwarten, allein weil Jesus gesagt hat: Ihr habt mein Wort darauf.
BRENNAN MANNING

Jesu Auferstehung bedeutet, dass einer gekommen ist, der aus dem Finale des Todes ein Zwischenstadium gemacht hat.
Paul Deitenbeck

Das Beste kommt noch!
Corrie ten Boom

Dein Platz im Himmel wird aussehen,
als sei er für dich gemacht,
und zwar für dich allein, weil du für ihn
gemacht worden bist.
C.S. Lewis

Willst du ewige Freude haben,
häng jenem an, der ewig ist.
Augustinus

Außer Gott und denjenigen, welchen er die Ewigkeit schenkt, ist nichts ewig.
Sadhu Sundar Singh

Die kürzeste Definition von Hölle
ist einfach die: völlig von Gottes Liebe
getrennt zu sein.
BILL HYBELS

Jesu Auferstehung zeigt,
dass Gott Ja sagt zu unserem Sterben,
aber Nein zu unserem ewigen Tod.
MANFRED ROMMEL

Gott wirft keine Seele weg,
sie werfe sich denn selber weg:
Eine jede ist sich selbst Gericht.
JAKOB BÖHME

Christus ist nicht in die Welt gekommen,
dass wir ihn begriffen, sondern dass wir
uns an ihn klammern, dass wir uns einfach
von ihm hinreißen lassen in das ungeheure
Geschehen der Auferstehung.
DIETRICH BONHOEFFER

Wenn uns die Osterbotschaft aufgeht,
sieht das Leben plötzlich anders aus,
und wir werden auch anders leben.
HELMUT THIELICKE

Stell dir einfach vor, du seist ein
Samenkorn, das geduldig in der Erde wartet;
du wartest, um zu des Gärtners Zeit als
Blume in der wirklichen Welt aufzugehen.
Das wird ein richtiges Aufwachen sein.
C.S. LEWIS

Es kommt nicht darauf an,
wann wir sterben,
sondern ob wir bereit sind,
Gott zu begegnen.
EVA VON TIELE-WINCKLER

Nicht der Tod hat das letzte Wort,
sondern Gott.
ERNST SENF

Ewigkeit ist die Korrektur
der Weltgeschichte.
Hermann Bezzel

Wenn Christus jetzt und hier schon
unser Leben ist, dann kann kein Sterben
uns von ihm trennen.
Friedrich von Bodelschwingh

Von Ostern her ist die gefallene Welt
ein riesiger Kreißsaal, ein Wartezimmer
zum ewigen Leben.
Siegfried Kettling

Wer Ostern kennt, kann nicht verzweifeln.
Dietrich Bonhoeffer

Am Ende gibt es nur zwei Arten von
Menschen – die, die zu Gott sagen:
»Dein Wille geschehe«, und die, zu denen
Gott sagt: »Dein Wille geschehe«.
C.S. Lewis

Es gibt nichts Höheres als zu wissen:
Du bist für die Ewigkeit bestimmt.
Franz Kliche

Sterben heißt dorthin gehen,
woher wir gekommen sind.
Leo N. Tolstoi

Ihr, die ihr mich liebt,
seht nicht auf das Leben, das ich beende,
sondern auf das Leben, das ich beginne.
Augustinus

Ewiges Leben ist Teilhabe
an Gottes Lebendigkeit.
Gott gibt uns Anteil an sich selbst.
Siegfried Kettling

Das Verlangen nach Seligkeit
und Unsterblichkeit hat Gott
in unser Wesen eingesenkt.
Augustinus

Wenn der Mensch Ideen und Ahnungen
hat von Unsterblichkeit, Unendlichkeit,
höchster Weisheit, Gerechtigkeit,
Güte – muss dann nicht der Keim zu
dem allen in seinem Wesen sein?
Matthias Claudius

Wenn ein Fisch im Wasser ist, so hat er kein Verlangen nach dem Wasser, sondern lässt sich's wohl darin sein; wirft man ihn aber aufs Land, so fühlt er, dass er nicht ist, wo er seiner Natur nach sein sollte, und springt und zappelt. Wenn also wir Menschen ein angeborenes Verlangen nach Unsterblichkeit haben, so ist klar, dass wir, in unsrer jetzigen Lage, nicht sind, wo wir sein sollten. Wir zappeln auf dem Trocknen, und es muss irgendwo ein Ozean für uns sein.
Matthias Claudius

Wir sterben
in die lebendige Hand Gottes hinein.
Helmut Thielicke

Dass Jesus Christus von den Toten
auferweckt wurde, ist der einzige Grund
meiner Hoffnung, dass auch ich
auferweckt werde am Jüngsten Tag.
DIETRICH BONHOEFFER

Die bloße Tatsache, dass wir Gott von
Angesicht sehen werden,
wird allen tatsächlichen Verzicht im Leben
aufwiegen, unendlich aufwiegen.
C.S. LEWIS

Ohne ein Leben nach dem Sterben bleibt
dieses Leben ein phantastisches Chaos,
die Erde ein unbegreifliches Massengrab
und unser Geborensein ein Verbrechen,
auf das die Todesstrafe gesetzt ist.
Verstanden werden kann das Leben
nur im Lichte der Ewigkeit.
CARL-LUDWIG SCHLEICH

Wir werden Gott sehen,
und das wird Freude sein.
C.S. LEWIS

Der Tod, den die Menschen fürchten,
ist die Trennung der Seele vom Körper.
Der Tod aber, den die Menschen nicht
fürchten, ist die Trennung von Gott.

AUGUSTINUS

Glaube heißt, dass einer durch ein
unmöglich Ding hindurchbrechen soll.
Er geht hinein ins Meer, als wenn kein
Wasser da wäre, in den Tod, als wenn
kein Tod da wäre.

MARTIN LUTHER

Wenn man sein Ziel und den Zweck
seines Lebens kennt, dann ist der Tod
nur noch eine Art Tür.

GORDON MACDONALD

Sterben ist kein ewiges Getrenntwerden!
Es gibt ein Wiedersehen
an einem helleren Tag!

MICHAEL VON FAULHABER

Glaube und Nachfolge

Wenn Gott dein Partner ist,
dann mach große Pläne.

Dwight L. Moody

Jesus Christus weiß allein,
wo der Weg hingeht.
Wir aber wissen,
dass es ganz gewiss ein über alle Maßen
barmherziger Weg sein wird.
Dietrich Bonhoeffer

Der Glaube an Christus bedeutet:
Die Vergangenheit ist geordnet,
die Gegenwart ist erfüllt,
die Zukunft ist erhellt.
Hans Bruns

Was ist selbst der glücklichste Mensch
ohne Glaube? Eine schöne Blume in einem
Glase Wasser, ohne Wurzel und ohne Dauer.
Ludwig Börne

Unser Glaube ist gesund,
wenn wir das Danken gelernt haben.
Friedrich von Bodelschwingh

Sei guter Dinge und freue dich,
denn Gott ist dein Freund.
Martin Luther

Die Verheißungen Gottes stehen über uns,
gültiger als die Sterne
und wirksamer als die Sonne.
Alfred Delp

Wer Gott gehorcht, dem gehorcht Gott.
Wer sich Gott ergibt,
dem stellt sich Gott zu Dienst.
Kein Weg des Gehorsams bleibt allein.
Hermann Bezzel

Glauben heißt: mit Gott rechnen.
Ernst Modersohn

Ich weiß nicht, wohin Gott mich führt,
aber ich weiß, dass er mich führt.
Gorch Fock

Manche Menschen vertrauen dem Herrn,
dass er ihre Seele rettet, nicht aber,
dass er für ihr tägliches Leben sorgt.
CORRIE TEN BOOM

In der Freude
und im Dank leben wir mit Gott.
CARL HILTY

Niemand lasse den Glauben daran fahren,
dass Gott durch ihn eine große Tat tun will.
MARTIN LUTHER

Herr, gib mir die Kraft, alles zu tun,
was du von mir verlangst. Dann verlange
von mir, was du willst.
AUGUSTINUS

Glaube ist die Fähigkeit,
hinter allem Gott zu sehen.
OSWALD CHAMBERS

Meine Sache ist es, an Gott zu denken;
Gottes Sache ist es, an mich zu denken.
Simone Weil

Der Glaube ist nicht unsere Entscheidung
für Gott, sondern die Entdeckung,
dass Gott sich für uns entschieden hat.
Edmund Schlink

Wo Glaube ist, da ist auch Lachen.
Martin Luther

Fromm sein heißt:
an Gott genug haben. Man sage:
Weil ich alles habe, habe ich alles.
Hermann Bezzel

Wir hindern Gott, uns die großen geistlichen
Gaben, die er für uns bereit hat,
zu schenken, weil wir für die täglichen
Gaben nicht danken.
Dietrich Bonhoeffer

Wenn Schwierigkeiten kommen,
sollte Gott nicht unsere letzte Zuflucht sein;
nein, zu ihm müssen wir uns zuerst
hinwenden in unsren Nöten, ob sie groß
oder klein sein mögen.

HUDSON TAYLOR

Die Tugend des Alltags ist die Hoffnung,
in der man das Mögliche tut und das
Unmögliche Gott zutraut.

KARL RAHNER

Jesus Christus will nicht Bewunderer,
sondern Nachfolger. Der Bewunderer ist die
billige Volksausgabe des Nachfolgers.

SÖREN KIERKEGAARD

Ein Christenmensch ist ein freier Herr über
alle Dinge und niemand untertan. –
Ein Christenmensch ist ein dienstbarer
Knecht aller Dinge und jedermann untertan.

MARTIN LUTHER

Nicht großen Glauben brauchen wir,
sondern Glauben an einen großen Gott.
Hudson Taylor

Frömmigkeit ist der Entschluss,
die Abhängigkeit von Gott als Glück
zu bezeichnen.
Hermann Bezzel

Der dich gemacht hat, weiß auch,
was er mit dir machen will.
Augustinus

Es ist das Herz, das Gott spürt, und nicht
die Vernunft. Das ist der Glaube: Gott
spürbar im Herzen und nicht der Vernunft.
Blaise Pascal

Glauben heißt, beständig das Frohe,
Glückliche, Gute zu erwarten.
Sören Kierkegaard

Behandle Gottes Zusagen nicht wie
Museumsstücke, sondern glaube ihnen
und mache von ihnen Gebrauch.
C.H. Spurgeon

Verkündige das Evangelium.
Wenn nötig, nimm Worte dazu.
Franz von Assisi

Wer glaubt, ein Christ zu sein, weil er die
Kirche besucht, irrt sich. Man wird ja auch
kein Auto, wenn man in einer Garage steht.
Albert Schweitzer

Dein ganzes Christentum besteht darin,
dass du es wagst,
dein Leben in Jesu Hand zu legen.
Fritz Binde

In dir muss brennen,
was du in anderen entzünden willst.
Augustinus

Der ist kein Tor, der hingibt,
was er nicht behalten kann, auf dass er
gewinne, was er nicht verlieren kann.
JIM ELLIOT

Auch ein Christ weiß nicht, was kommt;
aber er weiß, woher etwas kommt.
WALTER GOES

Ein Christ soll wenig Wort
und viel Tat machen.
MARTIN LUTHER

Ein Christ ist ein freier Mensch,
er geht durch alle Lager dieser Welt,
nur seinem Herrn gehörig.
ERNST KÄSEMANN

Wo wir horchen auf Gottes Wort, da redet
Gott. Wo wir gehorchen, da handelt Gott.
FRANK BUCHMAN

Es ist nicht auszudenken,
was Gott aus den Bruchstücken
unseres Lebens machen kann,
wenn wir sie ihm ganz überlassen.
Blaise Pascal

Mag sein, dass der Jüngste Tag morgen anbricht, dann wollen wir gern die Arbeit für eine bessere Zukunft aus der Hand legen, vorher aber nicht.
Dietrich Bonhoeffer

Gottes Wege sind überall anzubeten,
aber nicht überall zu ergründen.
Ich bin des Vaters Kind,
nicht sein Geheimrat.
Gerhard Tersteegen

Glaube ist eine lebendige,
verwegene Zuversicht auf Gottes Gnade.
Martin Luther

Ich versuche nicht zu verstehen,
damit ich glauben kann,
sondern ich glaube, um zu verstehen.
Anselm von Canterbury

Glauben empfangen wir von Gott
immer nur so viel, wie wir für den
gegenwärtigen Tag gerade brauchen.
Der Glaube ist das tägliche Brot,
das Gott uns gibt.
Dietrich Bonhoeffer

Ein bisschen Glauben kann es nicht geben;
sonst ist es nicht Gott selbst,
mit dem man es zu tun bekommt.
Ulrich Wilckens

Die meisten Enttäuschungen im
Glaubensleben kommen daher,
dass wir schon jetzt schauen wollen,
was wir erst einmal glauben sollen.
Kurt Scherer

Gottes Liebe fühlen ist etwas Köstliches;
aber an Gottes Liebe glauben können,
auch wenn du sie nicht fühlst, ist mehr.
C.H. Spurgeon

In manchen Situationen bedeutet Glaube:
gehorchen, ohne zu verstehen.
Charles de Foucauld

Ein Glaube, der sich nicht um den Bezug
zur Welt kümmert, ruft eine Welt hervor,
die sich um den Glauben nicht kümmert.
Heinrich Fries

Glauben heißt: Die Unbegreiflichkeit Gottes
ein Leben lang aushalten.
Karl Rahner

Für den, der glaubt,
fangen alle Dinge an zu leuchten.
Teilhard de Chardin

Ihr sollt sein wie ein Fenster,
durch das Gottes Güte in die Welt
hineinleuchten kann.
Edith Stein

Liebe Gott nicht um Lohn;
er sei selbst dein Lohn!
Augustinus

Gott will nicht,
dass wir nach seiner Pfeife tanzen,
sondern uns über seine Musik freuen.
Werner Steinberg

Wenn für Gott alle Dinge möglich sind,
dann sind auch alle Dinge möglich
für diejenigen, die an ihn glauben.
Corrie ten Boom

Wer Gott die Entscheidung überlässt,
dem gibt er immer nur das Beste.
Hudson Taylor

Ich kann nicht anders leben,
als immer wieder Neues und Großes
von Gott zu erwarten.
HANNA AHRENS

Wir neigen dazu, Taten mit sichtbarem
Erfolg an die erste Stelle zu setzen.
Gott räumt der Liebe den ersten Platz ein.
CHARLES DE FOUCAULD

Der Glaube macht uns fähig,
aus dem Berg der Verzweiflung Steine
der Hoffnung zu schlagen.
MARTIN LUTHER KING

Es kommt nicht darauf an, alles richtig zu
machen, sondern Jesus zu vertrauen.
KATHERINA TOBIEN

Niemand kann mir verbieten,
von meinem Gott viel zu hoffen.
JOHANN CHRISTOPH BLUMHARDT

Der Glaube ist ein Sprung
ins Gewisse.
WERNER STEINBERG

Kann man die Welt nicht fromm machen,
so tut man doch, was man kann.
MARTIN LUTHER

Bibel und Lehre

Die Bibel ist ein Buch, das man lesen kann, als hörte man Gott sprechen.

Paul Claudel

Wenn ich eine Stelle in der Bibel
nicht verstehe, ziehe ich den Hut
und gehe vorüber.

Martin Luther

Die Bibel ist nicht dazu da, dass wir sie
kritisieren, sondern dazu,
dass sie uns kritisiert.

Sören Kierkegaard

Wo Gottes Wort klare Grundsätze und
Anleitung gibt, da soll man nie auf innere
Stimmen und Offenbarungen warten.

Theodor Jellinghaus

Mit der Bibel ist es wie mit einer Bank – sie
sind am nützlichsten, wenn sie offen sind.

Corrie ten Boom

Es ist gar kein Lesewort in der Bibel,
wie die Leute meinen, sondern eitel
Lebewort in ihr, das nicht zu Denken und
Dichten, sondern zum Tun da ist.

Martin Luther

Der wandelt recht im Worte Gottes,
der nicht aufhört zu staunen.
JOHANNES CALVIN

Kein Buch der Welt hat schon so viele
Kritiker gehabt und keines ist, wie die Bibel,
allen ohne Ausnahme überlegen geblieben.
CARL HILTY

Die Bibel ist ein Fenster in dieser engen
Welt, durch das wir in die Ewigkeit
zu schauen vermögen.
TIMOTHY DWIGHT

Die beste Bibelübersetzung verdanke
ich meiner Mutter.
Sie übersetzte die Bibel in das Leben.
JOHN THIESSEN

Die ganze Bibel ist nichts weiter als ein
großer Trostbrief, von Gottes Liebe diktiert.
PAUL CONRAD

Unter allen Gaben ist die Gabe
des göttlichen Wortes die allerherrlichste;
wer die wegnimmt,
der nimmt die Sonne aus der Welt.
Martin Luther

Die Bibel platzt fast von guten Nachrichten
für böse Menschen.
Corrie ten Boom

Was wir im Wort Gottes
noch nicht verstehen,
das wollen wir vorläufig beiseite lassen.
Wir wollen uns aber herzlich freuen
an dem, was licht und klar ist.
Augustinus

Gottes Wort, das wir lesen,
hören und bedenken,
ist der Schleifstein,
an dem unser Gewissen geschärft wird.
Karl Beck

Die Bibel, dieses Buch, kann man nicht lesen, man kann es nur tun. Es ist kein Buch, es ist Lebensmacht. Und es ist unmöglich, auch nur eine Zeile zu begreifen ohne den Entschluss, sie zu vollziehen.

Reinhold Schneider

Die Bibel ist wie ein Strom, der so flach ist, dass ein Lamm daraus trinken, und so tief, dass ein Elefant darin baden kann.

Gregor der Grosse

Die meisten Menschen haben Schwierigkeiten mit den Bibelstellen, die sie nicht verstehen. Ich für meinen Teil muss zugeben, dass mich gerade diejenigen Bibelstellen beunruhigen, die ich verstehe.

Mark Twain

Die Heilige Schrift lesen heißt, von Christus Rat holen.

Franziskus von Assisi

Die Schrift ist ein Kräutlein,
je mehr du es reibst, desto mehr duftet es.
Martin Luther

Ich glaube, dass die Bibel allein die Antwort auf all unsere Fragen ist und dass wir nur anhaltend und demütig zu fragen brauchen, um die Antwort von ihr zu bekommen.
Dietrich Bonhoeffer

Es ist ein altes schlichtes Buch, das werkeltägig und anspruchslos aussieht wie die Sonne, die uns wärmt, wie das Brot, das uns nährt; ein Buch, das so treulich, so segnend gütig uns anblickt wie eine alte Großmutter, die auch täglich in dem Buche liest, mit den lieben, bebenden Lippen, und mit der Brille auf der Nase – und dieses Buch heißt auch ganz kurzweg das Buch, die Bibel. Mit Fug nennt man diese auch die heilige Schrift; wer seinen Gott verloren hat, der kann ihn in diesem Buch wieder finden, und wer ihn nie gekannt, dem weht hier entgegen der Odem des göttlichen Wortes.
Heinrich Heine

In der Bibel redet Gott selbst mit uns wie
ein Mensch mit seinem Freunde.
Martin Luther

Es ist nichts neu in der Theologie –
ausgenommen das, was falsch ist.
C.H. Spurgeon

Die Bibel ist ein Brief, den mein Gott mir
hat schreiben lassen, wonach ich mich
ausrichten soll und wonach mein Gott
mich richten wird.
Johann Albrecht Bengel

Die Bibel ist kein theologisches System,
sondern ein Handbuch für den Himmel;
sie ist ein Führer für das ewige Leben
und ebenso geeignet für den Mann
am Pflug wie für das Kind in der Schule.
C.H. Spurgeon

Die Bibel ist für mich wie ein täglich Brot. Mit der Bibel an meiner Seite, das heißt mit Gott in meiner Nähe, wenn nicht gar direkt neben mir – als Freund, als Schutz und Zuversicht –, bin ich gestärkter und getrösteter. Die Bibel ist mehr als ein Buch, weil sie das Kunstwerk aller Kunstwerke ist – zeitlos und frei, nicht abzuhaken, nicht abzuheften. Sie ist klassisch und avantgardistisch, altmodisch und revolutionär. Sie bringt nicht für jeden etwas, sondern alles für jeden Menschen.

Hanns Dieter Hüsch

Die Worte der Schrift sollten in unseren Köpfen und Herzen Nester machen.

Augustinus

Unser Paradies ist die Bibel. Und wir sollen darin leben und arbeiten wie einst die ersten Menschen im Garten Eden.

Martin Luther

Gott hat uns einen Durst gegeben,
der durch nichts als durch ihn selbst und
sein Wort gestillt werden kann.

Arne Völkel

Die Bibel sagt in einer
atemberaubenden Schlichtheit,
dass die letzte Macht uns gut sei.

Helmut Thielicke

Ich hab nun 28 Jahr, seit ich Doktor
geworden bin, stetig in der Biblia gelesen
und daraus geprediget, doch bin ich ihrer
nicht mächtig und find' noch alle Tage
etwas Neues drinnen.

Martin Luther

Es gibt Zeiten, in denen man sich mit
einem Bibelwort begnügen soll.

Jochen Klepper

»Gott geoffenbart im Fleisch«, der Gottmensch Jesus Christus, das ist das heilige Geheimnis, das zu behüten und zu wahren die Theologie eingesetzt ist. Welcher Unverstand, als sei es die Aufgabe der Theologie, Gottes Geheimnis zu enträtseln, es auf die platten, geheimnislosen, menschlichen Erfahrungs- und Vernunftweisheiten herabzuziehen! Während doch allein dies ihr Amt ist, Gottes Wunder als Wunder zu bewahren, Gottes Geheimnis gerade als Geheimnis zu begreifen, zu verteidigen, zu verherrlichen.

Dietrich Bonhoeffer

Merkmal der wahren Theologie ist, dass sie nicht aufgeht. Der Schlussstein im Gewölbe darf nicht aufgesetzt werden, wenn der Himmel hereinschauen soll.

Heinz Zahrnt

Die Welt liest nicht die Bibel –
sie liest dich und mich.

Corrie ten Boom

Gottes Wort hat jeden Tag Geburtstag,
und ich bin eingeladen.
KYRILLA SPIECKER

Die Schrift muss man betend lesen und lesend beten, weil alles Licht, Segen und Nachdruck allein vom Heiligen Geist aus Gnade herzukommen muss.
GERHARD TERSTEEGEN

Wenn wir Christus nicht selbst sehen können, so müssen wir denen glauben, die ihn gesehen haben. Mir bleibt andres nicht übrig. Und was in der Bibel von ihm steht, das hab ich gelesen mehr als einmal und nehme es so, wie es da steht.
MATTHIAS CLAUDIUS

Lieber Gott, verkläre dein Wort in unseren Herzen und mache es so licht und heiß, dass wir Trost und Freude davon empfinden.
MARTIN LUTHER

Die Menschen glauben alles,
es darf nur nicht in der Bibel stehen.
Napoleon Bonaparte

Sammelst du den Reichtum der Verheißungen Gottes, die dich in der Zeit, wo es keine Freiheit geben wird, stärken können? Niemand kann dir die Bibeltexte rauben, die du auswendig gelernt hast.
Corrie ten Boom

Die Bibel gebietet uns, unsere Nächsten zu lieben und auch die Feinde zu lieben;
wahrscheinlich deshalb,
weil es in der Regel dieselben Leute sind.
Gilbert Keith Chesterton

Die meisten Menschen
kennen von der Bibel nur die Pappdeckel,
und die sind wirklich das dunkelste
an diesem Buch!
Wolfgang Dyck

Nur der Glaube
ist der Heiligen Schrift Schlüssel.
MARTIN LUTHER

Hinter jeder Bibel steckt ein kluger Kopf.
PETER HAHNE

Alle Bücher, die ich gelesen habe,
haben mir den Trost nicht gegeben,
den mir dies Wort der Bibel gab:
»Der Herr ist mein Hirte,
mir wird nichts mangeln.«
IMMANUEL KANT

Die Bibel ist gegenüber anderen Büchern
wie die Sonne im Vergleich
mit jedem anderen Licht.
MARTIN LUTHER

Die Bibel hat einen Reinigungseffekt.
Wir müssen sie über uns herabregnen
lassen wie einen Platzregen,
damit sie uns abwaschen kann.
GORDON MACDONALD

Die Bibel ist ein nie ausgelesenes Buch.
Joachim Meisner

Ich mache auch oft die Bibel zu
und falte die Hände: dass die Menschen
vor Gott so hoch geachtet und wert sind!
Matthias Claudius

Die Bibel ähnelt dem nächtlichen Himmel:
Je länger man hinschaut,
desto mehr entdeckt man.
Dmitri Sergejewitsch Mereschkowski

Man muss Bibel und Zeitung lesen.
Man muss die Bibel lesen, damit man die
Zeitung versteht. Die Zeitung verwirrt einen,
wenn man sie nicht liest auf der Basis
dessen, was die Bibel an Menschenbild
und an Zukunftsperspektive hat. Wenn man
das aus dem Blick verliert, dann wird man,
wie der Apostel Paulus sagt, hin und her
getrieben vom Winde der Meinungen.
Johannes Rau

Wer nicht die Heilige Schrift hat,
muss sich mit seinen Gedanken begnügen.
Wer keinen Kalk hat, mauert mit Dreck.
Martin Luther

Um sein Ziel zu erreichen,
zitiert selbst der Teufel aus der Bibel.
William Shakespeare

Fehler sind ein Zeichen von Wachstum.
Deshalb ist die Bibel voll von Menschen,
die Fehler machen.
Mike Yaconelli

Meiner Meinung nach ist die Bibel Gottes größtes Geschenk an den Menschen. Alle Wohltaten des Erlösers der Menschheit werden uns durch dieses Buch bekannt. Ich musste schon oft auf die Knie gehen, weil ich fest davon überzeugt war, dass es dazu keine Alternative gab.
Abraham Lincoln

Gebet und Stille

Man darf alles,
alles vor Gott bringen.
Jochen Klepper

Gott hat sich verpflichtet,
dem zu helfen, der betet. Wer nicht betet,
beraubt sich selbst der Hilfe Gottes.
E.M. Bounds

Nur an einer stillen Stelle
legt Gott seinen Anker an.
Gerhard Tersteegen

Gebet heißt: Gott genießen.
Mike Yaconelli

Tu, was du kannst, und bete um das,
was du nicht kannst, so wird Gott dir geben,
dass du es kannst.
Augustinus

Fürbitten heißt:
jemandem einen Engel senden.
Martin Luther

Wenn wir beten, geschieht etwas,
das sonst nicht geschehen wäre.
Wenn wir nicht beten, wird nichts
geschehen, was hätte geschehen können.
DALE RHOTON

Alle Schwierigkeiten im Gebet können
zurückverfolgt werden auf eine Ursache:
zu beten, als wäre Gott abwesend.
TERESA VON AVILA

Bete, und du wirst entdecken,
dass Beten Sinn hat – und anders als durch
Beten wirst du es nie entdecken.
LUISE RINSER

Wie man beten soll,
das steht in der Bibel;
und was man beten soll,
das steht in der Zeitung.
KARL BARTH

Das Gebet ist der himmlische Hafen,
in dem wir uns vor den Stürmen
des Lebens bergen.
C.H. Spurgeon

Du sagst, dass du nicht recht beten
könntest. Ist denn kein Oh, kein Ach in
deinem Herzen? Und gesetzt,
du könntest auch dieses nicht so finden,
so sage es dann Jesus nur einfältig,
dass du nicht könnest beten,
dann betest du schon.
Gerhard Tersteegen

Die besten Gebete bestehen mehr aus
Seufzern als aus Worten.
John Bunyan

Man muss beten, als ob alles Arbeiten
nicht nützt, und arbeiten,
als ob alles Beten nichts nützt.
Martin Luther

Wenn das einzige Gebet, das du während
deines ganzen Lebens sprichst,
»danke« heißt, würde das genügen.
Meister Eckhart

Wer scheinbar nichts mehr tun kann,
kann noch das Wichtigste tun:
er kann sich betend
mit der Allmacht Gottes verbinden.
Ricarda Huch

Wir werden die Zeit zum Gebet niemals
haben, wir müssen sie uns nehmen!
Richard Foster

Wenn du so viel Arbeit hast,
dass du nicht mehr beten kannst,
dann sei versichert, dass du
mehr Geschäfte hast,
als Gott für dich gut findet.
Dwight L. Moody

Gott hört dein Rufen,
wenn du ihn dabei suchst. Er hört dich
nicht, wenn du durch ihn anderes suchst.
Augustinus

Wie ein Schuster einen Schuh machet
und ein Schneider einen Rock,
also soll ein Christ beten.
Eines Christen Handwerk ist Beten!
Martin Luther

Gebete werden nach dem Gewicht
und nicht nach der Länge gemessen.
C.H. Spurgeon

Schon der Wunsch zu beten ist ein Gebet.
Georges Bernanos

Gewiss ist, dass wir nichts zu beanspruchen
haben und doch alles erbitten dürfen.
Dietrich Bonhoeffer

Fürbitte heißt Teilnahme an der
Weltregierung Gottes.
August Tholuck

Wenn eine Sorge zu gering ist, sie in ein
Gebet zu verwandeln, dann ist sie auch zu
gering, sie zu einer Last zu machen.
Corrie ten Boom

Sobald die Not dir vor Augen tritt,
denke daran, dass jetzt das rechte
Betstündlein für dich ist.
Martin Luther

Das Gebet im Sinne einer Bitte
um etwas bildet nur einen kleinen Teil
des Gebets überhaupt: Bekenntnis und Buße
sind seine Schwelle, Anbetung sein
Heiligtum, Gegenwart Gottes sein Brot
und Wein.
C.S. Lewis

Das Gebet ist die Tür aus dem Gefängnis unserer Sorge.
HELLMUT GOLLWITZER

Christen, die beten, sind wie Säulen, die das Dach der Welt tragen.
MARTIN LUTHER

Beten macht das Herz weit, bis es so groß ist, dass es Gottes Geschenk, nämlich ihn selbst, in sich aufnehmen kann.
MUTTER TERESA

»Wir können zu allen Zeiten beten« – ich weiß, wir können es, aber ich fürchte, dass diejenigen, die nicht zu bestimmten Stunden beten, überhaupt selten beten.
C.H. SPURGEON

Das Gebet ist der Atem der Christen, das Zeichen, dass wir wirklich leben.
OSWALD CHAMBERS

Wo viel gebetet wird, geben wir Gott
Gelegenheit, für uns zu arbeiten.
Hudson Taylor

Das Lob ist so etwas wie eine Leiter.
An ihm dürfen wir hinaufsteigen, weg aus
dem Jammer, weg aus den Sorgen, weg aus
dem Selbstmitleid. Hinauf, Gott entgegen!
Käthi Hohl-Hauser

Beten heißt:
Gott den Sack vor die Füße werfen.
Martin Luther

Bete, als hinge alles von Gott ab.
Handle, als hinge alles von dir ab.
Augustinus

Wir bitten um Silber,
und er will uns Gold geben.
Martin Luther

Geschäftig sein ist gut,
viel besser aber beten,
noch besser stumm
und still vor Gott den Herren treten.
Angelus Silesius

Braucht das Gebet als Bohrer,
und Brunnen lebendigen Wassers werden
euch aus dem Wort entgegenquellen.
C.H. Spurgeon

Vielleicht beten wir am meisten,
wenn wir am wenigsten sagen,
und am wenigsten,
wenn wir am meisten sagen.
Augustinus

Im Gebet ist es besser,
das Herz ohne Worte sprechen
zu lassen als Worte ohne Herz.
John Bunyan

Beim Beten müssen wir nicht Gottes
Widerstand überwinden; wir begegnen
seiner größten Bereitschaft.
Rochard C. Trench

Das Gebet ersetzt keine Tat,
aber das Gebet ist eine Tat,
die durch nichts ersetzt werden kann.
Hans von Keler

Kurze Gebete sind lang genug.
C.H. Spurgeon

Beten nährt die Seele –
was das Blut für den Körper ist,
ist das Gebet für die Seele.
Mutter Teresa

Gott begehrt nichts mehr von uns,
denn dass man Großes von ihm erbitte.
Martin Luther

Bete so, wie du kannst –
nicht so, wie du nicht kannst.
Don Chapman

Wir müssen vor Gott bringen,
was in uns ist, nicht, was in uns sein sollte.
C. S. Lewis

Je mehr du bittest, desto lieber hört er dich.
Martin Luther

Das Gebet sollte der Schlüssel für den Tag
und das Schloss für die Nacht sein.
C.H. Spurgeon

Das Gebet verändert Gott nicht,
aber es verändert denjenigen, der betet.
Sören Kierkegaard

Versagen ist der Weg,
auf dem man beten lernt.
Richard Foster

Beten ist ein Herzensgespräch mit Gott
in der Gewissheit, dass er uns liebt.
Teresa von Avila

Schüttet euer Herz vor ihm aus,
klaget nur frei, verberget ihm nicht.
Es sei, was es wolle,
so werft's mit Haufen heraus vor ihn.
Martin Luther

Beten nährt die Seele – was das Blut für
den Körper ist, ist das Gebet für die Seele.
Mutter Teresa

Beten heißt nicht: sich selbst reden hören.
Beten heißt: Stillewerden und Stillesein
und Hören, bis der Betende Gott hört.
Sören Kierkegaard

Die erste Morgenstunde
ist das Steuerruder des Tages.
Augustinus

Verantwortung haben wir nicht für das,
was in der Stille passiert, sondern dafür,
dass es Stille gibt.
WOLFGANG VORLÄNDER

Ein ruhiger Schlaf kann von mehr
Gottvertrauen zeugen
als ein hastiges Gebet.
MARTIN LUTHER

Leben aus der Stille
ist Leben aus der Quelle.
PETER HAHNE

Nur der Schweigende hört.
JOSEF PIEPER

Die Stille ernährt,
der Lärm verbraucht.
REINHOLD SCHNEIDER

Stille muss man als lebenswichtiges
Genussmittel begreifen,
dann wird das Finden und Erfinden
dieser Zeiträume leichter.
LOTHAR KOSSE

In der Stille
können wir Gottes Herzschlag hören.
RICHARD FOSTER

Was die Erde für den Baum ist,
ist die Stille für die Seele.
MAGNUS MALM

Schau doch einfach einmal
zwei Minuten auf eine Blume,
um völlig ruhig zu werden.
BRENNAN MANNING

Kurz soll man beten,
aber oft und stark.
MARTIN LUTHER

Gemeinschaft und Gemeinde

Darum hat uns Gott die Gemeinde gegeben, damit wir nicht allein sind im Kampf gegen den Teufel.

Martin Luther

Die Kirche ist nur Kirche,
wenn sie für andere da ist.
DIETRICH BONHOEFFER

Lerne Geduld haben mit fremden Fehlern;
denn siehe, du hast auch viel an dir,
was andere tragen müssen.
THOMAS VON KEMPEN

Fehler sind immer dick,
wo die Liebe dünn ist.
C.H. SPURGEON

Liebe ohne Wahrheit bessert nicht,
Wahrheit ohne Liebe heilt nicht.
CARL HILTY

Christen sind ein seliges Volk.
Die können sich freuen, können tanzen
und springen und jubeln.
MARTIN LUTHER

Gott hat das menschliche Leben
so angelegt, dass wir aufeinander
angewiesen sind, um all das zu erreichen,
was er von uns erwartet.
Richard Foster

Christliche Bruderschaft ist nicht ein Ideal,
das wir zu verwirklichen hätten,
sondern es ist eine von Gott in Christus
geschaffene Wirklichkeit,
an der wir teilhaben dürfen.
Dietrich Bonhoeffer

Einen Menschen lieben heißt,
ihn so zu sehen, wie Gott ihn gemeint hat.
Fjodor M. Dostojewski

Alle Frömmigkeit muss freundlicher machen,
sonst ist sie nicht echt.
Carl Hilty

Es gibt zwei Arten, Gutes zu tun:
geben und vergeben.
Augustinus

Du sollst deinen Nächsten lieben,
er ist wie du.
Martin Buber

Immer wird uns das Vertrauen eines der größten und beglückendsten Geschenke menschlichen Zusammenlebens bleiben.
Dietrich Bonhoeffer

Andere verachten ist ein großer Fehler, schlimmer als irgendein anderer, den wir vielleicht an ihnen sehen; wenn wir uns über ihre Schwächen lustig machen, beweisen wir unsere eigne Schwäche und unsere Bosheit obendrein.
C.H. Spurgeon

Offenheit und Weite für alle Menschen sind ein Gütezeichen von Gottes Volk.
Peter Strauch

Auch die Menschen, die uns Not machen,
sind überglänzt von jenem Adel, den Jesus
ihnen verlieh, als er für sie in den Tod ging.
HELMUT THIELICKE

Wenn dein Bruder dich tröstet,
dann vertrau ihm so,
wie wenn Gott dir es selbst gesagt hätte.
MARTIN LUTHER

Wir sind nicht dazu da, um zu verurteilen,
sondern um aufzurichten.
GILBERT CESBRON

Der Mensch ist nie so schön, als wenn er um
Verzeihung bittet oder selber verzeiht.
JEAN PAUL

Natürlich habe ich viele Fehler,
wenn du wenig Liebe hast.
C.H. SPURGEON

Vergebung bedeutet,
dem Anderen zu erlauben,
nicht Gott sein zu müssen.
HENRI NOUWEN

Gott hat den andern nicht gemacht,
wie ich ihn gemacht hätte.
DIETRICH BONHOEFFER

Die graue Masse
wird unter der Liebe Gottes
zu lauter Nächsten.
CHIARA LUBICH

Die Glaubwürdigkeit der Christen
wird an der Liebe gemessen.
PETER STRAUCH

Gott braucht Arbeiter
an niedrigen Dingen.
Arbeiter an hohen Dingen hat er genug.
FRIEDRICH CHRISTOPH OETINGER

Das Evangelium macht Christen,
aber man siehets ihnen nicht
an den Kleidern an,
sondern an den Werken der Liebe.
MARTIN LUTHER

Die ausgesprochene,
bekannte Sünde hat alle Macht verloren.
Sie ist als Sünde offenbar geworden
und gerichtet. Sie vermag die Gemeinschaft
nicht mehr zu zerreißen.
DIETRICH BONHOEFFER

Nicht was wir empfangen,
sondern was wir einander geben dürfen,
das bindet zusammen.
FRIEDRICH VON BODELSCHWINGH

Man wird nicht für sich allein ein »Ganzer«,
sondern nur mit anderen zusammen.
DIETRICH BONHOEFFER

Buße und Erneuerung
ist das größte Angebot, das die Gemeinde
der Welt machen kann.
Gordon MacDonald

Die göttliche schenkende Liebe befähigt
einen Menschen, die zu lieben,
die natürlicherweise nicht liebenswert sind.
C.S. Lewis

Die Erneuerung der Welt
beginnt mit der Entdeckung des Nächsten,
an dem Gott liegt.
Helmut Thielicke

Man kann den Menschen
unendlich viel Gutes tun ohne Worte,
ohne Predigt, ohne Aufsehen.
Charles de Foucauld

Wer erlösende Liebe erfahren hat,
der kann rettende Liebe üben.
Und wer von Barmherzigkeit lebt,
der kann Barmherzigkeit erweisen.
Friedrich von Bodelschwingh

Die Gemeinde ist kostbar. Jesus hat sie
mit seinem eigenen Blut erkauft.
Gordon MacDonald

Nun hat es aber Gott so und nicht anders eingerichtet, dass einer die Last des anderen tragen soll; denn keiner ist ohne Fehler, keiner ohne Last und keiner weiß sich in allem selbst zu raten. Einer muss den anderen tragen, einer den anderen trösten, stützen, unterweisen und aufrichten.
Thomas von Kempen

Die Fürbitte ist eine Art,
den anderen zu lieben.
Richard Foster

Das Fußwaschen heißt, dass einer sich
des andern herzlich annehme,
ihn nicht verachte, ihm die Hand reiche,
ihn freundlich unterweise und ihm helfe,
dass er es besser machen kann.
Martin Luther

Dank und Lobgesang sind unser Ziel,
wie wir überhaupt geschaffen sind zum
gemeinsamen Lobe Gottes.
Friedrich von Bodelschwingh

Wir sollen uns nicht lange fragen,
ob wir unseren Nächsten lieben, sondern wir
sollen handeln, als ob wir ihn lieben.
C.S. Lewis

In der Gemeinde Jesu geht es nicht um
Sympathie und Antipathie, sondern um das
ehrerbietige, liebende Ja zueinander.
Corrie ten Boom

Die Ortsgemeinde ist die Hoffnung der Welt.
Sie verändert die Herzen der Menschen
und beeinflusst ihr Schicksal.
BILL HYBELS

Eine Gemeinschaft ist nicht die Summe von Interessen, sondern die Summe an Hingabe.
ANTOINE DE SAINT-EXUPÉRY

Es ist unendlich viel leichter, in Gemeinschaft zu leiden als in Einsamkeit.
DIETRICH BONHOEFFER

Seine Freude in der Freude
des anderen finden können,
das ist das Geheimnis des Glücks.
GEORGES BERNANOS

Die Kirche hat nicht den Auftrag, die Welt zu verändern. Wenn sie aber ihren Auftrag erfüllt, verändert sich die Welt.
CARL FRIEDRICH FREIHERR VON WEIZSÄCKER

Die Sünde der Empfindlichkeit zeigt,
wie viel Unglaube noch
in der Gemeinschaft lebt.
DIETRICH BONHOEFFER

Wir müssen Gott bitten,
dass wir von ihm lernen, jene zu lieben,
von denen wir uns nicht angezogen fühlen,
und anziehend für jene zu sein,
die er uns lieben lehren möchte.
JEAN VANIER

Eine Kirche, die nicht dient,
dient zu nichts.
JACQUES GAILLOT

Wer seinen Traum von einer christlichen Gemeinschaft mehr liebt als die christliche Gemeinschaft, der wird zum Zerstörer jeder christlichen Gemeinschaft, und ob er es persönlich noch so ehrlich, noch so ernsthaft und hingebend meinte.
DIETRICH BONHOEFFER

Wer an einer christlichen Gemeinschaft,
in die er gestellt ist, irre wird und Anklage
gegen sie erhebt, der prüfe sich zuerst,
ob es nicht eben nur sein Wunschbild ist,
das ihm hier von Gott zerschlagen werden
soll, und findet er es so, dann danke er
Gott, der ihn in diese Not geführt hat.

Dietrich Bonhoeffer

Es gibt viele Leute, die die großen Dinge
tun können. Aber es gibt sehr wenig Leute,
die die kleinen Dinge tun wollen.

Mutter Teresa

Ehe wir den Menschen etwas geben,
müssen wir zuerst selbst empfangen.

Helmut Thielicke

Das ist Gemeinschaft: wenn jeder von jedem
empfängt und jeder jedem danken kann.

Ernst Kühnel

Eine christliche Gemeinschaft lebt
aus der Fürbitte der Glieder füreinander,
oder sie geht zugrunde.
Dietrich Bonhoeffer

Wir sind uns in unserer Verschiedenheit
zur Ergänzung und zur Korrektur gegeben.
Oskar Föller

Tatenloses Abwarten und stumpfes
Zuschauen sind keine christlichen
Haltungen. Den Christen rufen nicht erst die
Erfahrungen am eigenen Leib,
sondern die Erfahrungen am Leib der
Brüder, um derentwillen Christus gelitten
hat, zur Tat und zum Mitleiden.
Dietrich Bonhoeffer

In notwendigen Dingen: die Einheit.
In fraglichen Dingen: die Freiheit.
In allem: die Liebe.
Augustinus

Es gibt nichts Größeres,
als dass ein Mensch
für andere ein Segen ist.
Dietrich Bonhoeffer

In der Gemeinschaft liebt man jeden –
und nicht die Gemeinschaft
im abstrakten Sinn: das Ganze,
die Institution, das Ideal einer bestimmten
Lebensform. Was zählt, sind die Menschen:
sie so zu lieben, wie sie sind, und so,
dass sie wachsen können nach dem Plan
Gottes und selbst zu Quellen
des Lebens werden.
Jean Vanier

Quellennachweise

Bonhoeffer, Dietrich: © Gütersloher Verlagshaus, in der Verlagsgruppe Random House GmbH, München
Boom, Corrie ten: © R. Brockhaus Verlag, Wupppertal
Claudius, Matthias: Sämtliche Werke. Gedichte – Prosa – Briefe in Auswahl. Hrsg. von Hannsludwig Geiger. © Tempel-Verlag, Berlin und Darmstadt 1958
Lewis, C.S.: Der innere Ring und andere Essays. © Brunnen Verlag, Basel 1982 (S. 10, 30, 69)
Lewis, C.S.: Pardon, ich bin Christ. © Brunnen Verlag, Basel 1977 (S. 53, 64)
Lewis, C.S.: Was man Liebe nennt. © Brunnen Verlag, Basel 1979 (S. 7, 55, 135)
Lewis, C.S.: Wunder. © Brunnen Verlag, Basel 1980 (S. 62)
Kettling, Siegfried: Du gibst mich nicht dem Tode preis. Biblisch-theologische Grundlegung und persönliche Erfahrung. © R. Brockhaus Verlag, Wuppertal 1989
Sanders, Oswald: Aus dem vollen schöpfen. Der Weg zum geheiligten Leben. © R. Brockhaus Verlag, Wuppertal 1975
Thielicke, Helmut: S. 26, aus: Von der Freiheit, ein Mensch zu sein, Herderbücherei Bd. 860, S. 56 © Verlag Herder, Freiburg im Breisgau

Die Quellen der Zitate wurden sorgfältig geprüft, konnten aber nicht immer zweifelsfrei festgestellt werden. Für Hinweise ist der Verlag dankbar.

Norbert Schnabel (Hrsg.)
Worte, die von Herzen kommen
Gebunden, 11 x 18 cm, 144 S.
Nr. 224.887, ISBN 3-4172-4887-6

Sie suchen ein passendes Zitat für eine Glückwunschkarte ein aufmunterndes Wort für einen lieben Menschen, einen tröstlichen Gedanken in schwierigen Situationen oder einfach nur einen Weihnachtsgruß?

Dieser Band versammelt eine Fülle von geistlichen Einsichten, humorvollen Sprüchen und hilfreichen Weisheiten, die sich für die unterschiedlichsten Anlässe eignen. Mit dieser Auswahl finden Sie immer die richtigen Worte!